秒でやれ

大丈夫、
あなたは
幸せになれる
から

鴨頭明子

かも出版

あらっ…
パパ!
スマホ忘れてるわよ!
あっ
サンキュ
も〜
気をつけてよ
ねえ
来週のおでかけ
どこに行く?
ワタルすっごく楽しみに…
あっ
ゴメン!!
言うの忘れてた〜
休日出勤頼まれちゃって
行けないや
えーっ!?
他の人に
代わってもらえないの!?

3

仕事なんだから仕方ないだろっ
バタンッ
あっ ちょっ……
仕事仕事って…
てかゴミくらい出してってよ!!
ヤダッ
もうこんな時間っ!!
ワタル!! まだ食べてるのっ!?
ブブーッ
もう～～～っ すぐ遊び出すんだから…
早く食べてっ保育園に遅れ…
コンッ
ビシャー!!
MAX
ギューンッ
ストレスメーター
ワタルーーッ!!
ビクッ

びえーーん
泣きたいのはコッチよぉ…
時間ないのにぃ
ぎえーーん
ぞうきんぞうきん…
あっ
あー、
Pi
あぁーもう
なんか全然楽しくない
えーん
えーん
毎日パートと家事育児に
追われてばっかり
余裕はないし
誰に感謝されるわけでもないし
ダンナは仕事仕事って
なんにも手伝ってくれない
わたしばっかり
忙しくて
やんなっちゃう
たまには一人で
ショッピングとか
行きたいなぁ…

5

仕事だってさ ホントは職場復帰したかった
けど育児しながらだと 働ける時間は限られてるし
仕方なく今のパートを はじめてみたけど
なんとなくやりがいを 感じない…
けど今は しょうがないか ガマンガマン
ガマンガマンと 思いながら 毎日を 過ごしています
えっ わたし今 声に出してたっ??
キョロ キョロ
けどやっぱり 楽しくなくて でもどうやって 変えたらいいかわか
あっ
教えて下さい
ルナちゃんっ
いつのまにっっ
あうあうーー
それ、自分で自分を かわいそうに しちゃってるよ
もぅーー なにしてんの ユーチューブ??
あうーー

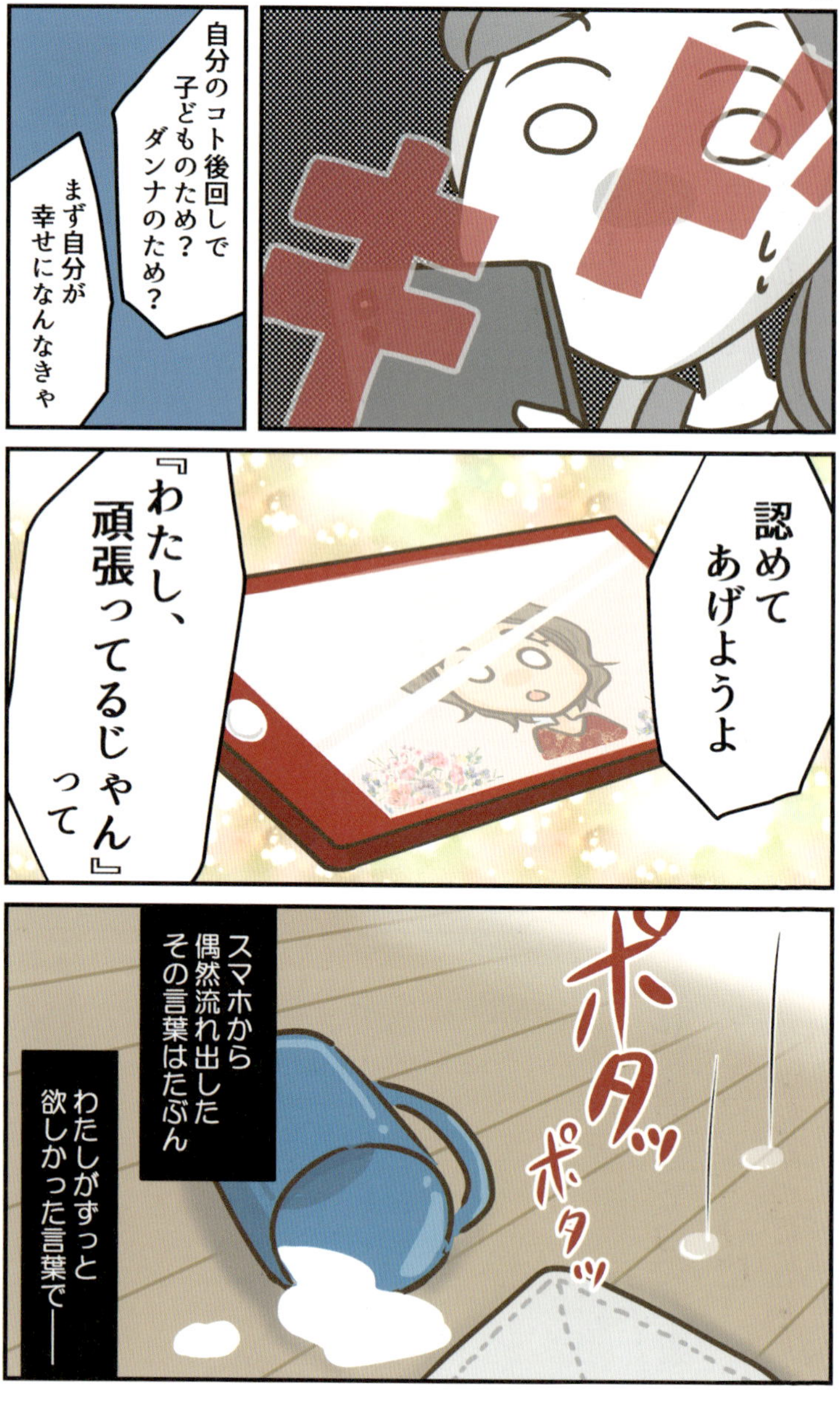
ドキ
自分のコト後回しで
子どものため？
ダンナのため？
まず自分が
幸せになんなきゃ
認めて
あげようよ
『わたし、頑張ってるじゃん』
って
スマホから
偶然流れ出した
その言葉はたぶん
わたしがずっと
欲しかった言葉で――
ポタッ
ポタッ

7

認めてあげようよ
ガー
ママ泣いてるのっ!?
ああそうか
わたしずっと
頑張ってたのか——
『大丈夫だよ』って
優しく頭をなでて
もらっているような
気持ちになりました
大丈夫
ただいまー
!?
大丈夫だよ
あなたは
幸せになれるから
そんな声が
聞こえたような
気がしました

はじめに
～幸せってなんだろう？

2014年4月、2人の小学生の子育てに追われるいわゆる普通の主婦だった私は、ダイエットトレーナーとして独立起業しました。

きっかけは、「私の経験……絶対みんなの役に立つ！」と思ったから。

テレビ番組のダイエット情報は全て録画。流行りのダイエットDVDは全てAmazonで注文。インターネットの情報をかき集め、ダイエット特集の雑誌を買いあさり、読んだダイエット本は800冊以上。

はじめに
～幸せってなんだろう？

19歳からの24年間、80種類以上のダイエットを試した経験をもとに、「かもあき」の名でダイエットのカウンセリングを開始。すると、不思議なことが起きました。

人間関係……職場関係……仕事……家族やパートナーとのこと……。ダイエット以外の相談を受ける機会が増えてきたんです。

「もっと心地よく、楽に生きたい！」

毎日のように寄せられる心の叫びにも似たたくさんの声に、私なりに応えることができないだろうか。

そう思い、YouTubeの配信を始めました。

朝の8時半から30分間、朝のテレビ番組のように毎日配信を続けました。
そして、2年後、チャンネル登録者数は2万人を突破し、そのころから、より踏み込んだ内容の質問が多くなってきました。

「自己肯定力をアップするにはどうしたらいい？」
「どうやったら、かもあきさんみたいな強いメンタルを手に入れられるの？」

そこで、私は、身体と心を整えて自分をもっと好きになる『自分塾』を開講し、自分にとっての幸せに気づくための『かもあき講演会』を開催しました。現在は、自己肯定力が上がり、世界一平和で、心穏やかになるオンラインサロン『かもあきお花畑サロン』も運営しています。

はじめに
～幸せってなんだろう？

「みんな、我慢している……」

たくさんの方々とお話しする中で、私が強く感じることです。

お金がないから……、子育てで忙しいから……、夫の反対があるから……。

みんな、何か（誰か）のせいにして、自分の想いを押し殺してしまっている。

そして、自分には無理だ……と自分で自分に言い聞かせてしまっている。

やりたいことがあっても、前に踏み出せない人に出会うと、私は決まってこう言います。

「悩む暇なんてない！　いいから秒でやれ！」

私は、どんなときでも自分の想いに従って行動しています。

「5分考えても、5時間考えても結果は同じ」

悩んでいても何も解決しない。
だから、すぐに行動する。
そして、心の中ではこう思っています。

「大丈夫、どうせうまくいくから」

はじめに
～幸せってなんだろう？

自分には価値がないと思い込み、生きづらさを感じている。
一歩踏み出す勇気を持てない。
本書がそんな人たちの心を軽くする一助になれば、このうえない喜びです。

目次

第2章 面倒なお付き合いはもうおしまい！

友人関係に縛られないための3つの秘訣

第3章 節約なんてしなくていい！

お金に縛られないための3つの秘訣

第4章 幸せに自由に生きる！

自分に縛られないための4つの心

第5章

自分の咲かせたい花を咲かせる！

何にも縛られないための野原理論

コラム集
縛られない日々
～解放された、その後の私

第1章

良き妻、良き母にはならなくていい！

家庭に縛られないための3つの秘訣

お母さんの幸せが家族の幸せ

26 お母さんの幸せが家族の幸せ

「かもあきさん、子育てに関する本を出してください！」

ありがたいことに、そういったご依頼をたくさんいただくのですが。
でも、私は、子育て本は書きません。
だって、1行で終わってしまうんです。

「子どもなんて、その辺に転がしとけばいい」

以上です（笑）。

子どもをどうするか、子どものためにどうしたらいいか……。
そんなことよりも、私はあなたに聞きたいことがあります。

今日をニコニコ、笑顔で過ごせましたか？

一日中じゃなくてもいいです。一回だけでもいいんです。
子どもと過ごしながら、心から笑えましたか？
お母さんの一番の仕事、何か知っていますか？

「笑うこと」

もう、これだけと言っても過言ではありません。
大げさでもなんでもなく、私は心からそう思っています。
子どもはあなたのことが大好きです。
あなたが笑顔で幸せな状態でいることが、子どもの幸せです。

28 お母さんの幸せが家族の幸せ

だけど最近、お母さんたちの笑顔が少なくなっているような気がします。

私のもとには、それはもう毎日、つらい気持ちを抱えて悩んでいるお母さんたちからの質問が届きます。

そんなお母さんたちに、ちょっと伝えたいことがあります。


まず、最近のお母さんたちは、真面目すぎ！　そして頑張りすぎです。

もちろんそこにはいろんな要因があって、たとえばインターネットの普及で、「素敵なお母さん像」なるものが注目されることになった、からかもしれません。


インスタグラムには、「今日の子どもの離乳食♡」と色とりどりの凝った料理や、「家族旅行に行きました♡」と、絵に描いたような幸せそうな家族の写真が溢れています。

ネットで、「子どもがご飯を食べてくれない」と検索してみると、
「もっと工夫してみましょう！　お母さんの食べさせ方に問題があるかも」
と、さらに落ち込むような記事にヒットしてしまったり。
最近は、育児書の数も種類もすごいです。
「天才！　藤井聡太を生み出したモンテッソーリ教育とは」とか、
「子どもは3歳までに、こう育てろ」とか、
「バイリンガルを育てるには」等々。
本屋さんには、子育てにフォーカスした本がずらりと並んでいます。
いつからか、お母さんたちは、「優しくて家事も完璧にこなす、素敵な

お母さんの幸せが家族の幸せ

30

お母さん像」を自ら創り上げてしまいました。

その「素敵なお母さん」と自分を比べて、勝手に落ち込んだりしています。

お母さんたちのプレッシャーと孤独感を増幅させる環境が出来上がっているのです。

大丈夫。その「素敵なお母さん」は世界のどこにもいませんから！（笑）

もし「素敵なお母さん」っぽい人がいたとして、あなたはそのお母さんを24時間観察したわけではないですよね。

「見える部分だけ」を切り取って、「あの人は完璧！」って自分で勝手に決めて、自分で勝手に落ち込むのはもうやめてください。

そういう人を、私は被害妄想クラブの会員と呼びます（笑）。

31 良き妻、良き母にはならなくていい！家庭に縛られないための3つの秘訣

幸せになりたいなら、そのクラブはさっさと退会することです。

家事なんか適当でいいんで、ニコニコ笑ってください。

ご飯なんて適当でいいです。作りたくないなら買ってください。

洗濯物はシワシワでいいです。旦那さんが気になるって言うのなら、旦那さんにやってもらいましょう。

掃除？　いい！　やらなくていい！　ホコリくらいで人は死にませんから！

自分が笑顔でいるために何をするべきか考えてください。

それが、あなたが最優先にやるべきことです。

それを今すぐ、秒でやってください。

32 お母さんの幸せが家族の幸せ

昔、こんなテレビコマーシャルがありました。お母さんと子ども、それぞれに別の場所でインタビューをするコマーシャルです。

Q：子育てはどうですか？

お母さん：

怒ることなく過ごせるんじゃないかって、子どもが生まれる前は思っていたんです。

でも、とにかく時間に追われて余裕がなくて。

朝、特に出勤前の時間は、もう「早く早く！　早くジャンパー着て！　早く靴下はいて！」とか、怒っちゃうんです。

33 良き妻、良き母にはならなくていい！ 家庭に縛られないための3つの秘訣

Q：理想の母親像は？

お母さん：

いつも笑顔でいたいなと思います。

でも、私は、あんまりちゃんとできていないかもしれないなって思うことのほうが多いです。

「母親としてこれでいいのかな？」と思うことばっかりです。

子どもを育てるために仕事をしているはずなのに、仕事のせいで子育てがおろそかになっている気がします。「ごめんね」っていう気持ちがすごく強いです。

Q：ママはどんな人？

34

お母さんの幸せが家族の幸せ

子ども：笑ってる。笑ってる顔がさ、好きなの。

Q：ママのことどんなふうに思ってるかな？

子ども：好き。全部好き！　優しいから。

Q：どんな人になりたい？

子ども：ママみたいになりたい。

子どもは、あなたが思うよりずっとずっと、あなたが大好きです。

35 良き妻、良き母にはならなくていい！家庭に縛られないための3つの秘訣

あなたが思うよりずっと、あなたをよく見ています。

もう十分頑張っているから、大丈夫。

笑っていれば、大丈夫。

まとめ

- 「素敵なお母さん」は実はどこにもいない
- 被害妄想クラブはさっさと退会しよう
- お母さんは、笑っているだけで価値がある

家族に期待しない

38 家族に期待しない

前項で、「お母さんの仕事は笑っていることである」というお話をしました。

「いやいや、かもあきさん。うちは旦那が家事もしないし、子育てもしない。そんな人がパートナーじゃ、笑顔になんてなれませんし、むしろイライラが募るばかりです」

「自分が笑顔になれるのはダンスをしているときです。でも、子どもがいるからレッスンなんて無理。なのに、子どもは習い事を一生懸命やらないし、宿題だってサボるし……。ストレスばかりたまって、笑顔どころではありません」

他にも、親との同居など、自分を取り巻く環境が悪いから笑顔になれないんだ、と思っている人、意外と多いような気がします。

ストレスを感じるとき、そのストレスを取り除きたいですよね。

だから、私たちはストレスの原因を、自分の周り、特に身近な家族の中に探そうとします。

そして、「旦那のせいで私はイライラしているの」「子どものせいでストレスがたまっているの」と、嘆きます。

でも、本当の原因は、あなたです。

何をストレスとするか、それを決めているのは自分であって、誰かが外から、あなたの中にストレスを放り込んでいるわけではありません。

ストレスって、自分の中からしか出てきません。

自分の中に生まれたストレスは、自分でしか解決できないんです。

では、どうしてあなたはストレスを感じたのでしょうか。

それは、あなたが「期待」をしたからです。

「旦那が家事をしない」というのは、「旦那は家事をしてくれるだろう」という期待をしたんですよね、あなたが。
「子どもが宿題をしない」というのも、「子どもは宿題をしてくれるだろう」というあなたの勝手な期待です。

そう、自分で勝手に期待して、自分で勝手に失望してイライラしているんです。

だから、もし相手の言動にイライラしたら、「あ、私、今期待しているんだな」と自覚し、すぐに期待することをやめましょう。

期待しなければ、あなたのイライラやストレスは消えていきます。

「期待をしない」とは、「どうせやらないから、もういいよ」って、投げやりになるのとは違います。

その相手への失望の中には、「本当はやってほしいけどね」という期待が隠れていますよね。

そうではなくて、「期待をしない」とは、実は、相手を大切に思う気持ちから生まれるものなんです。

心をフラットにして、相手の言動をそのまま見てあげてください。

「察することはできなくても、言われたことは頑張ってやってくれているな」とか、

42 家族に期待しない

「宿題は今やりたくないんだな。私にも、そういうときがあったな」とか。
目の前の事実だけを、冷静に受け止めましょう。

あなたの期待に相手が応えないことと、あなたが笑顔になるかならないかは、まったくの別問題だと気がつきませんか。

家族が自分の期待を満たしたら笑顔になって、期待を裏切るようなことをしたら腹を立てるというのは、「あなたの幸せはあなたの家族が握っている」ということになりませんか。

そんな家族頼みの幸せのかたちなんて、今すぐ捨てましょう。

あなたの幸せは、あなた次第で決まるはず。
笑いたいときに、ただ笑えばいいんです。

かくいう私も、かつては夫に期待をしていた時期がありました。

今から17年ほど前、まだ娘が1歳のころの話です。


私は楽しみにしていた友人との約束がありました。

小さい子どものいる母親同士の集まりだったので、数カ月前から日程を合わせ、それぞれが母親や夫に子どもをあずける都合をつけていました。

その日がとても楽しみで、私はワクワクとした気持ちでずっと過ごしていました。

ところが、数日前になって、夫が、

「俺、この日仕事なんだよね」と、一言。

44 家族に期待しない

とっさに、私は、夫に怒りを覚えました。

「何カ月も前からお願いしていたのに……！」

「なぜ今ごろになって？」

「どれだけこっちがこの日を楽しみにしていたか、わかっているの？」

ふつふつと怒りが湧いてくるのを、どうしても抑えきれませんでした。


そのときです。ある事件が起きました。

私が、

「もういい。あなたをアテにするのはやめる！」と怒りをぶつけた途端、なんと夫は、その場で過呼吸になってしまったのです。


息苦しそうに倒れこむ夫を介抱しながら、私は気がつきました。

「原因は夫じゃない。私が、期待したんだ」

夫にはなんの悪気もありませんでした。たまたま仕事が入ってしまっただけのことです。

期待を手放せば、そこには私を大切に想ってくれる、優しい夫の姿がありました。

だって、「妻は、もう自分のことを頼りにしてくれない」という考えが頭をよぎっただけで、過呼吸になってしまうほど、繊細で、私想いなんです（笑）。

自分のためにも、家族のためにも、期待しない。
期待を手放して、相手をそのままに受け入れる。
すると、あなたの見える世界はガラリと変わります。

まとめ

- 「期待」を手放せば、ストレスは消えていく
- 自分の幸せの鍵は自分が握っている

47 良き妻、良き母にはならなくていい！ 家庭に縛られないための3つの秘訣

妻・母親
である前に
「あなた」

50 妻・母親である前に「あなた」

この本の読者は、「妻」の役割や「母親」の役割を担っている方が多いかもしれませんね。

少なくとも、自分の親から見れば「子ども」という役割を果たしているし、会社の中で役職を得ている方もいるでしょう。

みんな、何かしらのグループに属しています。

そして、人は、その役割に相応しい、周りから求められる人物になろうとする傾向があります。

「部長」という役割の人は、「部下に的確な指示を出し、良いチームワークを築き、売り上げを上げる部長」を会社から求められるでしょう。

この場合は、仕事と割り切って、求められる人物像を目指すべきかもしれません。

51 良き妻、良き母にはならなくていい！家庭に縛られないための3つの秘訣

職場は、雇用契約で成り立っている世界ですから。

でも、自分という「個」で考えると、日々の生活と切っても切り離せないのが、家族との関係の中での「妻」だったり「母親」「子ども」といった役割です。

たとえば、「母親」にフォーカスすると、世間的に求められる「お母さん像」がありますよね。

・子どもと母親は3歳まで一緒に過ごすべき
・子どもをしつけるのは母親の役目
・家事は母親の仕事

世間体もあるし、旦那さんや身近な人たちから、似たようなことを言わ

れた方もいるでしょう。

これ、前項の「期待」とつながりますが、つまり、あなたも誰かから期待されているんです。

自分らしく、自分のやりたいことをやりたい自分と、周りの期待する人物像とにズレがあると、圧力を感じて苦しくなるんです。

(だから、やっぱり他人に期待をするのはやめたいですね)

周りからの期待の目に苦しんでいる方に、朗報があります。

「あなたは、誰の期待にも応える必要はない」ということです。

あなたは、夫や子ども、周りの人へ期待することをやめたんですから。

それと同じように、あなたも周りの期待に応える必要はありません。

良き妻、良き母にはならなくていい！家庭に縛られないための3つの秘訣

もちろん、周りからの期待を無視し、あなたがやりたいことを思いきりやることで、幸せになる人もいれば、あなたを不満に思う人も出てくるでしょう。

でも、あなたが世間の期待に応えようと頑張ったからといって、結果はまったく同じです。幸せになる人もいれば、不満に思う人もいるんです。

あなたが何をしようとも、周りの人たちの幸不幸になんら影響を及ぼさないのであれば、答えはもう明白ですよね。

そもそも、「お母さん」になる前のあなたって、完璧でしたか。違いますよね。

54 妻・母親である前に「あなた」

不完全だけど、でも、「私らしい」。それでよかったはずです。

「周りからの期待」に応えようとする自分が、日常のふとした瞬間に出てくることがあるかもしれません。

期待に応えれば、そのときは相手を喜ばせた気になって、自分の幸福度も増しますから。

でも、その引き換えとして、自分が消えてしまう……、なんてことにならないよう、日ごろから意識していてほしいんです。

あなたは「あなたのままでいい」ということを。

まとめ

- 「世間体」という期待には応えなくていい
- あなたらしくいることが家族へのプレゼント

第2章

面倒なお付き合いはもうおしまい！

友人関係に縛られないための3つの秘訣

耳を貸すな！

私、他人の言うことには耳を貸さないんです。

なぜ耳を貸さないかというと、他人は責任を取ってくれないからです。

もちろん、良かれと思ってアドバイスをしてくれる人は多いと思います。

それはわかるんですが、良かれと思って言うことって、10人いたら10種類になってしまうんです。

何かに迷ったときや悩んだときは、いろいろな人に相談したくなりますよね。

親に相談してみたり、友人や先生に相談してみたり。

でも、その相談相手の言うとおりに行動して、失敗したら？

その人は責任を取ってくれないんです。

面倒なお付き合いはもうおしまい！友人関係に縛られないための3つの秘訣

あなたの人生の責任なんて、他人には取りようがありません。

でも、正直思いますよね。

「あの人がああ言ったから」とか、「あの人の言うとおりにしたのに」って。

思っていたような成果が出なかったときや、悪いほうに向かってしまったとき。アドバイスしてくれた人のせいにするぐらいなら、最初からあなたが耳を貸さなければよかった。そう思いませんか。

結局、その行動をとるって決めたのは、自分なんですよね。

あの人の言うとおりに、あなたが「勝手に」行動したんです。

自分の人生は自分だけのもの。人のせいにするのは、本当にもったいないことだと思います。

だって自分の、あなたの人生だもん。誰かの言うとおりに生きるなんて、つまらないと思いませんか。

だから、他人の言うことに耳を貸したら駄目なんです。

私は、耳を貸しません。

そもそも、相談も不要だと思っています。

迷っていたり、壁にぶち当たったときに、「人に聞いたり相談したいな」「一人ぼっちじゃ寂しいな」と思うかもしれません。

でも、私は、「人の意見に従う＝不幸になること」だと思っています。

つい相談してしまったばっかりに、自分の信念や考えがブレてしまう。そんな気がします。

相手から話を聞いた以上、その時間を無駄にしないために、「話の中から何か取り入れなきゃ！」という考えが無意識に働いてしまうんです。

だから、そもそも相談してはいけません。

人に質問をすることはありますよ。アイディアが煮詰まって、思考が停止し始めたときに、自分にはない突飛なアイディアを求めて質問します。ただし、たくさんの意見が集まったとして、その場合も、最終的にどうするかを決めるのは自分ですよね。

成功しようが失敗しようがどうなろうが、道を選択し、その責任を取るのは私自身じゃないですか。

相談を受けた人は「私のおかげ」と思うかもしれません。
でも、「いやいやいやいや！　頑張ったのは私」と胸を張りましょう。
やるって決めたのも私だし、頑張ったのも私なんですよね。
なので、やっぱりどんなときでも、「自分で」選びましょう。

ところで、このテーマを取り上げると、避けて通れないのが親子間の話です。

みなさん、お父さんとお母さんの言うことを聞いてきましたか？
「この学校がいいよ」「こういう仕事がいいよ」「○歳くらいで結婚するといいよ」

親は子どもに幸せになってほしいと願っています。だからこそ、さまざまなアドバイスをするのです。

そのアドバイスに従って生きてきたという方も、これからは、自分で決めてください。

親が決めたとおりにしていたら、失敗したときにそれを親のせいにしてしまいます。もっとも身近な存在の親に対しては、復讐心さえ芽生えやすくなります。

本当は自分のせいなんですよね。

自覚がなかったとしても、最終的にはあなたが決断し、行動してきた結果が「今」なんです。

では、最終的には本人が決断するのだから、自分の子どもにはできるだけたくさんのアドバイスをしてあげたい、と思った「親」のみなさん。

「自分がそうありたかった」という願望を、子どもに押し付けてはいませんか？

それって、子どもに、自分の言うことを聞かせようとしているのと同じことです。

「やっぱり他人の言うことには耳を貸したほうがいい」と、心のどこかで思っているんです。

子どもには、自分で選ばせてあげてください。自分で決めさせてあげてください。

2歳でできます。2歳で、もうわかります。

あなたに他人の話に耳を貸す義務がないのと同じように、子どもにだって、あなたの話に耳を貸す義務はありません。
「他人の言うことばかり聞く良い子」に決してならないよう、しっかりと見守ってあげてください。

自分で選ばせてあげてください。

子どもであろうと大人であろうと関係ありません。
自分の頭で考え、決断し、行動し、自分の人生に自分で責任を取ることが大事なのです。

まとめ

- 他人はあなたの人生の責任は取らない
- それを選んだのはあなた
- 子どもも、親（大人）の話に耳を貸さなくて良い

第2章

69 面倒なお付き合いはもうおしまい！友人関係に縛られないための3つの秘訣

友達は増やすな！

72

友達は増やすな！

あなたには、本当に信頼できる友達がいますか？

この質問に対して「います」と答える人は3割です。
つまり、7割の人にはいないのです。

友達ってなんですか？　いっぱいいなきゃいけないですか？

「友達をたくさん作らないと」と焦っている方は、子どものころに歌った、「ともだち100人できるかな♪」のマジックにかかっているんです。
学校では、よくこんなことを言われましたよね。

「みんなと仲良くしなくちゃいけない」
「分け隔てなく、人とは接しなきゃいけない」
「学校行事は全員でやらなきゃいけない」

こういうことを言われるたびに、私は疑問でした。

人がたくさんいれば、その中にはもちろん合わない人もいますよね。

だからこそ、すごく気の合う人とも出会えるし、義務教育を終えた私たちはもはや、「みんなと仲良く」のルールに従う必要なんてまったくありません。


「かもあきさんは、ずっと孤独なのか」と思った方。

いえ、ちょっと待ってください。私、友達いますよ（笑）。

1人か2人、ですが。


それ以上、増やそうとは思わないんです。

友達って、そんなにいりますか？

74 友達は増やすな！

「カール・ロジャーズの２：７：１の法則」というものがあります。

あなたの周りに10人いたとしたら、２人は気の合う人、７人はどちらでもなく、１人は気が合わない人、とされています。

この法則を聞いてどう思いますか？

「10人に１人が私を嫌いだなんて……、学校なら、クラスに４人も私のことを嫌いな人がいたのか」

と、ちょっとショックを受けるかもしれません。

確かに１割はあなたと合わず、あなたのやることなすこと、批判してくる人です。でも、注目すべきはそこではありません。

10人いたら、なんと２人はあなたの言動全てを受け入れてくれるんです。

75 面倒なお付き合いはもうおしまい！友人関係に縛られないための3つの秘訣

そして、残りの7人は「どっちでもない」。
すごく嫌いでもないし、すごく好きでもなくて、普通です。
でも、普通ということは、一応、受け入れはする。
ということは、10人中9人が、あなたのことを受け入れてくれるってことですよ。
「9割は好意的」なんです。
そう考えると、わざわざ1割の人に自分を合わせる必要はない。そう思いませんか。
私は友達を増やそうとは思いません。

どこまでを友達とするかなんですが、一つのことに向かって一緒に頑張る人を、私は「仲間」と呼びます。

たとえば、講演家の夫、鴨頭嘉人の周りには、講演会を盛り上げるために、企画や宣伝から当日のサポートまで、一緒に働くボランティアスタッフがたくさんいます。

初めましての人も含めて、力を合わせ、みんなで一つのことをやり遂げるわけです。

それは「友達」ではなく「仲間」です。

ともに戦うというか、同じ目標に向かって努力する人たちですよね。

会社で働く者同士も仲間と言えると思います。目標を達成するために力を出し合いましょう！ というのが、同僚だったり、上司だったり、部下という名の仲間です。

そう考えると、友達っていなくてもいいんじゃないかな、と思うんです。
友達がたくさんいないと不幸だ、なんて思う必要はまったくありません。

でも、みんなで仲良くしなきゃいけない場面も、ありますよね。
そう、ママ友の集まりです（笑）。
ママ友って、面倒くさいですよね。たぶん、他の人たちもそう思っているんじゃないかな。

面倒くさいと思っているのに、「面倒くさい」と言っちゃ駄目みたいな雰囲気があって、つらいですよね。

ママ友って、子ども同士のつながりで出会っただけですよね。

面倒なお付き合いはもうおしまい！友人関係に縛られないための3つの秘訣

たまたま同じクラス、〝子ども〟が。
たまたま同じ習い事をしている、〝子ども〟が。

そう、共通点は〝子ども〟なんです。

母親同士で意気投合したわけでもないのに、なんで一緒にご飯食べたりしなきゃいけないのか……。きっとみんなにとって、しんどい時間になっています。

そこまでして無理に付き合うくらいなら、いらないです、ママ友なんて。

もちろん、ママ友と呼ばれる全ての関係を否定したいわけではありません。

子どもきっかけに、ママ同士が親友になるパターンもありますよね。
それは最高にラッキーで、大いに仲良くしましょう。

80 友達は増やすな！

自分が仲良くしたいなら、仲良くすればいいんです。

でも、子どものためだからといって、我慢して、大して気の合わない人と仲良くする必要はない、ということです。

「仲良くしない」というのは、相手に対してわざわざ失礼なことをするのではありません。平和的に距離を置いていいと思っています。

一言で言うと……、

上辺だけの友達なんて、絶対に作るな！　ということです。

私は友達を増やしません。

今、私の周りにいる大切な人と大切な時間を満喫するために、無駄な人間関係は一切お断りです。

まとめ

- あなたが何をしようと周りの9割は好意的
- 上辺だけの友達は一人もいらない
- 今いる大切な人との時間を満喫する

推しをつくれ！

推しはね、もう最高なんです!!!

最近ときめいていない女性にこそ、おすすめします。

まず声を大にして言いたいのは、推しをつくるとストレスが劇的になくなります。

ワクワクドキドキすることで、フェニルエチルアミンという体内物質が出ます。

フェニルエチルアミンは、別名〝恋愛ホルモン〟と呼ばれており、「ときめき」と深く関わっています。

「ドーパミン」は人の快の感情に深く関わっていますが、このフェニルエチルアミンはドーパミンの放出を促す成分と言われています。

ワクワクドキドキしたり、ときめいたりしていると、それだけでフェニルエチルアミンが出てきてリラックスでき、気分が高まり、活力が湧いてきます。

ちなみにこのフェニルエチルアミンは、チョコレートやチーズを食べると出ます。ワクワクドキドキが足りないと、身体は「フェニルエチルアミンを出すために、食べなきゃ！」となって食べすぎちゃうんです。

必要以上の糖分や脂質を摂ってぶくぶく太るくらいなら、「ワクワク！キューーン！」となったほうが、ストレスも減って痩せて、お得なのに！

人生を華やかにしたい、楽しくしたい、ストレスをなくしたい、と思ったら、推しをつくってください。

対象はなんでも、誰でもいいんですよ。

よく行くお店のかっこいい店員さんもアリです。

アイドルでもいいし、韓国ドラマの俳優でもいいし、なんなら夫でもいいいです。

でも夫は厳しい！　夫にキュンキュンこない（笑）という人は、アイドルとか。

本当に誰でもいいということです。キュンとくるな、ときめくな、という人を意識的につくるんです。

講演会で、この、「推しをつくることの重要性」を熱弁したところ、後日、参加者の一人からこんなメッセージが届きました。

見返りを求めない、推しに出会えました！

明子さんの講演会の帰り道、最初はよくわからなくて、「私が心から誰かを応援する……？」と、ピンとこないでいました。しかし、その日からなんとなく意識しながら日常を過ごしていると、なんと私の前に推しが現れました！

こんなにも純粋に、家族以外の人を心から応援したいという気持ちがそこにはありました。

見返りを求めることなく、頑張っている人をただただ応援したいと思えました。

こんなに尊い想いに気づけて、最高に幸せです！

そう、推しのいいところは「見返りを期待しない」で応援できるところなんです。

夫や身近な人だと、見返りを求めがちですよね。

無償の愛……なんて言いつつ、「これくらい、やっといてよ！」と、つい見返りを求めたくなる距離に家族はいるんです。

かたや推しは、距離が遠いんです。

そんな遠い推しに、見返りなんて期待しませんよね。「応援してあげたんだから、家事やってくれるかな」なんてこと、思いませんよね（笑）。

キュンキュン！　させてくれたり、ワクワクドキドキをもらえれば、それで大満足なんです。

学生の応援団も、そうです。

一生懸命応援して、そのパワーを全力で届ける。結果、応援していたチームが負けたとしても、「なんだよ、応援してやったのに」とはなりません。

応援したくて、応援することが楽しくて、その結果の見返りなんてあまり求めていないですよね。

「応援する場をくれて、ありがとう」

推しとは、そんな爽やかな関係でいられます。

男性のみなさん！　あなたの奥さんが鬱々しているな、ストレスがたまっているなと感じたら、奥さんに推しができれば全て解決しますよ。

そして、推しを応援する奥さんを、「いいね！」って応援してあげましょう。

私が嵐にキャーキャー言っていた間、夫はたぶん、「ふーん」と思っていたと思います。

正直、嬉しいことではなかったのかもしれません。

だけど、「嵐だ！　キャー」って私が言っている間は、ストレスをぶつけられずにすんだわけですから、ＷｉｎＷｉｎですよね。

そんないいことある？

ないですよね（笑）。

だから、奥さんが若いイケメン男子にキャーキャー言っていても、旦那さんは「よしよし」と思っていればいいんです。

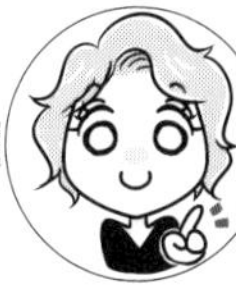

まとめ

- 推しでストレス知らず！
- 推しで痩せる！
- 推しで家庭円満！
- つまり……推し最強！

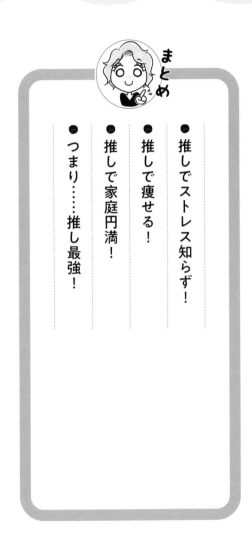

第3章

節約なんてしなくていい！

お金に縛られないための３つの秘訣

自分の時給を知る！

自分の時給を知る！ 96

毎月毎月、家計簿をつけては、

「ああ、今月もこんなに使っちゃった……」とか、

「節約してって言っているのに、旦那が飲み会に行くせいで今月も赤字（怒）」

……なんて、まさか、ため息ついていませんよね？（笑）

こんなふうに、お金を使うことに罪悪感を感じているのなら、あなたには、「お金ブロック」がかかっています。

お金を使うことは悪だ、節約して質素に生活することが素晴らしいんだ、みたいなね。

そんなお金ブロックがかかっていると、幸せにはなれません。

第3章

97

節約なんてしなくていい！お金に縛られないための3つの秘訣

お金の不安から自由になりたくて節約をしても、それってお金に支配されていることになるんです。

だから、まずは、

「お金は使ってもいい！」

そう思えるように、お金ブロックを外す必要があります。
お金のブロックには、いろいろな外し方があります。

一番手っ取り早いのは、「自分で稼ぐこと」です。
自分で稼いでいないと、自分のためにお金は使いにくいですよね。

だから、1カ月に1時間、1000円でもいいから、まずは自分で稼いでみる。

1時間働いて1000円もらえたら、今の自分の1時間には少なくとも1000円分の価値がある、って知ることができるんです。

そこで満足したらそれでいいし、もっとお金が欲しいなら、仕事する時間を増やすなり、時給の高い仕事を探すなり、行動すればいいんです。

自分で稼いだお金を自分のために使うと、お金ブロックが外れやすくなります。

仕事をしている人は、会社員だろうがフリーランスだろうが、自分の時給を計算してみてください。

何時間働いて、月にいくら稼いで、自分の時給はいくらなのかを明らかにする。

そのうえで、今後どうしていきたのか考えてみてください。

起業を考えているのなら、1日何時間働いて、何人のお客様と仕事して、そこでいくら売り上げていけるのか。結果、自分の時給はいくらになるのかを計算してみてください。

それも、より具体的に。

自分はいくら稼ぎたくて、客単価はいくらで、何人からお金をいただくのか？

たとえば、自分でセミナーを主催しようと思ったら、参加費はいくらで、会場費はいくらで、宣伝費は……、と、まず計算してみる。

お金の不安ってすごくぼんやりしているので、

100 自分の時給を知る！

「お金が足りない、今のままで大丈夫かな」
「この先がなんとなく不安だな」
「とりあえず節約しておかなきゃ駄目だよね」

とぼんやりしたままで放っておくと、ストレスはどんどん大きくなります。
はっきり言って、不安というのは、自分で動かないことにはなくなりません。

お金が足りない気がするなら、じゃあいくら増やせばいいのかを自分で考える。
この先がなんとなく不安なら、その不安を取り除くために自分は何ができるのかを自分で考える。

とりあえず節約しておかなきゃ……ってしぶしぶ節約するぐらいなら、節約しないで暮らせる方法を自分で考える。

（もちろん、楽しみながら節約している分にはいいですよ。堂々と節約してください）

そして、自分で行動する取っかかりとして、

「自分の時給を知る」

ということからやってみてください。

まとめ

- 自分の時給を調べよう
- ぼんやりではなく、具体的に考えよう
- お金の不安を取り除くには、行動あるのみ！

「お金がない」は言わない！

106 「お金がない」は言わない！

「うちにはお金がないから、贅沢はできないのよ」

子どもに、ついこんなふうに言った経験のあるお母さんは少なくないのではないでしょうか。

小さいころ、自分のお母さんがよく口にしていた、という方もいるでしょう。


これは絶対に言ってはいけません。

これを言ってしまうと、子どもも、そしてあなた自身も、とてもかわいそうな存在になるからです。

子どもはお母さんから聞く言葉を真に受けます。

特に、小さいうちは、お母さんの言うことは絶対であり、「生きていくために必要なこと」として脳に刻み込まれます。

つまり、母親であるあなたが、子どものお金ブロックをどんどん強く、大きくしてしまうんです。

「お金がない、お金がない」と口にすることで、その言葉を一番耳にするのは自分自身です。

あなたの脳は、その言葉を聞いて、「あぁ、お金がないんだな」と強く思うようになります。

現実にお金があるかどうかはさておき、無意識に、「私にはお金がない」とインプットされ、脳はお金がなくなる行動を選択するようになります。

たとえば、ダイエットをしているとき。

周りから、「痩せたね！」と言われても、思わず「いえいえ、まだまだなんです」と返してしまう人、多いと思います。

108 「お金がない」は言わない！

それが謙遜だとしても、脳には「私はまだまだなんだ……」とインプットされます。

日本には謙遜を美徳とする文化があるので、「お金をたくさん持っています！」とか「私、痩せました！　綺麗になりました！」とは口にしづらいかもしれません。
それでも、わざわざ「ないんです！　ないんです！」とは言わないほうがいいです。

脳が、「やっぱり私には、ないんだ」となってしまうから。
かわいそうだと思いませんか？　自分の脳が。

金輪際、「お金がない」と言うのはなしにしましょう。
子どもにも自分にも、お金がないって言わない。
自分の親から「お金がないのよ」って言われた記憶は、早々に書き換えましょう。

「お母さんのせいで、私はお金を使うことに罪悪感を持ってしまった。いつもお金がないって思ってしまうんだ！」

これは、言い訳です。

今からやめれば、それでいいんです。

自分で、自分のお金ブロックを外してあげましょう。

「お金がない」の言葉には、もう一つ大きな盲点があります。

それは、「お金がない」という言い訳を手に入れることで、挑戦から逃げてしまいます。今の自分の箱の中から飛び出せなくなるんです。

110 「お金がない」は言わない！

「お金がない」を言い訳にするとは、どういうことか。

たとえば、今、あなたは、新たな学びの場に向かおうとしています。
かもあきの「自分塾」に入りたいと思いました。
でも、お金がないから諦めました。

「お金がないから諦める」は、お金が足りずに諦めざるを得なかったように聞こえます。
しかし、これは体の良い言い訳でしかありません。

お金があったら、新たな学びの場に向かわなければいけない。
お金があったら、勇気を出して、ちょっと怖いけれどやらなければいけない。

お金があったら、そこで失敗するリスクを背負わなければいけない。

本当は、一歩踏み出して行動するのが怖いんです。

でも、「お金がない」を言い訳にしておけば、弱い自分に向き合わずにすみます。

お金があって、その塾に通い始めたら、家族になんて言われると思いますか？

「そんなお金の使い方をして」

「使う場所が違うんじゃないの？　もっと子どものためにお金を貯めなさい」

「無駄遣いして……家族の将来のこと考えているの？」

こんなふうに言われたらどうしよう、って怖くなりますよね。

それこそがお金ブロックです。
周りからそう言われる自分になりたくない。
新しい学びを得ても、自分が変われなかったらどうしよう。
そう考えると、とても怖いと思います。

お金を払って学びに行ったのに、自分が変わらなかったらどうしよう。
周りの人に「学びに行ったのに変わらないの？」って責められるかもしれない。
夫に馬鹿にされるかもしれない。

そういったネガティブな憶測も全てブロックです。

あなたが自分でお金を使って、あなたが学んで、あなたが成長して。だったら、周りなんて関係ないはずです。

夫も、子どもも関係ないです。だけど、ネガティブなことを言われる自分になりたくないから、お金をブロックにしてしまいます。

「はじめに」でも触れましたが、お金以外でもそうです。「まだ子どもが小さいから」とか「主婦だから」とか「もういい歳だから」とか。

必死に探してしまっている、やりたいことをやめる理由。それがあなたを苦しめているブロックなんです。

自分で自分の行動を阻み、行動しないことを選べば、傷つきはしないかもしれません。周りにとやかく言われることもないでしょう。

しかし、自分のやりたい気持ちに蓋をし、我慢する日々を送っていると、

114 「お金がない」は言わない！

ストレスがどんどんたまっていきます。それは自分でも気がつかないうちに大きく広がり、下手をすると、大切な家族がそのストレスのはけ口になってしまいます。

「お金がない」という聞こえのいい言い訳を手にしてしまうと、無意識のうちに行動を諦め、しかもストレスをためてしまうなんて、恐ろしいことです。

だから、自分に言い訳を作らないためにも、大切な家族を守るためにも、「お金がない」は言わない。

そう決めましょう。

まとめ

- 「お金がない」の自己暗示をやめよう
- 「お金がない」の言い訳をやめよう

お金なんかに執着するな！

118 お金なんかに執着するな！

ここまで、「自分でお金を稼げ！」とか「お金がないっていうと、本当になくなっていく！」みたいなことを言っておいて、なんですが……。

本当は、お金なんてどうでもいいんです。

私はお金があろうとなかろうと、マジで!!! どうでもいいと思っています。

「お金はあるなら使えばいい。ないなら使わなければいい」

それだけです。

海沿いに住んでいるなら海に遊びに行けばいいし、都心にいるならショッピングを楽しめばいい。それと同じことです。

海沿いだって、都心だって、いくらでも楽しめますよね。

そこに優劣なんてありません。
ただ、海沿いに住んでいる人が、「ショッピングができない私は不幸だわ」と言い出すから、おかしなことになるんです。

海沿いに住むあなたは、海沿いの景色を楽しみましょう。
それが嫌なら、ブツブツ言っていないで引っ越してください。

自分は貧乏だって言うなら、貧乏生活を楽しみましょう。
それが嫌なら、ブツブツ言っていないでお金を稼いでください。
以上、それだけの話です。

ちょっと、きつく言いすぎましたかね（笑）。
でも、そう思ったら楽になりませんか？

120 お金なんかに執着するな！

大丈夫。

人は何があっても、どんな状況でも楽しめますから。

貧乏になろうが、その景色を堂々と楽しんでみましょう。

貧乏の景色を味わい切って、

「あ、やっぱりもうちょっとお金欲しいな」と思ったら、そのとき初めてお金を稼ぐ手立てを考えればいいんです。

「自分の時給を知る！」でお話ししたように、具体的に考え、行動していきましょう。

それからもう一つ。

お金の不安が拭えないと言っている人には意外な特徴があります。

そういう人たちって、案外お金を持っています（笑）。

考えてみれば、そうですよね。お金持ちが脱税で捕まるニュース、もう毎年毎年、耳にタコができるくらい聞きませんか。

お金持ちのはずなのに、お金の不安が拭えずに蓄えようとしているんです。

「月々あと10万円お金が増えたらいいのに」なんて思っている人は、仮に10万円増えたとしても、「あと20万円くらいお金が増えたら……」なんて言い出すんです。

結局、いくら持っていようが、お金への執着を手放さない限り、あなたに安息の日々は訪れません。

私の夫は、YouTubeのチャンネル登録者数109万人超えの講演家、鴨頭嘉人です。時折、「旦那さんが売れているから、いい暮らしができて幸せですね」なんて声が聞こえてきます。

「はい。もちろん幸せです!!!」

でも、「旦那が売れているから」幸せなのではありません。

10年前、夫が会社員の道を捨てて、独立を決めたその日も幸せでした。

当時、子どもは2人とも幼稚園生で、私は満足に働けない状況でした。そんな中、夫の収入がゼロになるかもしれなかった。

それでも、決意を語る夫を前にして、「あなたが生きたいように生きたらいいじゃない」と迷いなく言えたのは、都心の暮らしも海沿いの暮らしも、楽しいって知っていたからです。

それから数年、夫の仕事は思うように軌道に乗らず、もがいていた、その時間も幸せでした。

貯金を切り崩しながらの生活でした。気に入ったワンピースを見つけても、予算オーバー。そんなとき、私は、「買えないなら、買わなければいい」と、さっさとお店を出ていました。

惨めだなんて思いませんでしたし、ましてや「ワンピースが買えない私は不幸だわ」なんて思いようがありませんでした。

お金はあるならあるなりに使えばいい、ないならないなりの使い方をすればいい。それ以上でもそれ以下でもないのが事実です。

明日、夫の収入がゼロになっても、私は幸せです。

124
お金なんかに執着するな！

もし明日、夫が突然働けなくなったら、私が働いて家計を支えます。

今は私も、YouTube配信やオンラインサロンを運営していますが、専業主婦で何も仕事をしていなかったとしても、まったく同じことを思うはずです。

お金があろうがあるまいが、私の幸せには1ミリも影響しません。

- お金はあるなら使えばいい。ないなら使わなければいい
- お金への執着を手放さない限り、あなたに安息の日々は来ない
- お金がなくても私は幸せ

第4章

幸せに自由に生きる！

自分に縛られないための4つの心

幸せに、自由に生きるとは

「幸せに、自由に生きる」とは、どういうことでしょう？

お金がたくさんあることでしょうか？
夢を持っていることでしょうか？
やりたいことがやれることでしょうか？

世の中の価値観は、時代によって大きく変わります。

私たちと、私たちの親世代では随分考え方が違います。未来の子どもたちの価値観も大きく変わっているでしょう。

同じ時代に生まれたとしても、幸せへの考え方は人それぞれですよね。

「笑顔が溢れていることだ！」という人もいれば、「心身ともに健康でいること」という人もいます。

つまり、10人いたら10人違うんです。

価値観が似ているなという人でも、たとえ家族であっても。

だから、大切なのはやっぱり、お互いの価値観を認め合うことだと思います。

相手の幸せが、「大金を稼いで贅沢三昧で暮らすこと」だとして、あなたはその人になんと返しますか？

たとえ、あなたの考えと違っていたとしても、

「それ、いいね！」

それだけでいいんです。

「私は、それはおかしいと思う」とか、相手の幸せをわざわざ否定しなくていいんです。

だって、一人一人最初から違うんですから。

相手の幸せのかたちも「いいね」。
だからこそ、自分の幸せのかたちにも「いいね」って言えるし、言ってもらえます。

誰からも否定されず、お互いに尊重し合えたら、その社会はすごく「自由」だと思いませんか？

では、自分が「幸せ」と感じられればなんでもいいかというと、それはそうなんですが、
幸せには2種類あることを、知っておいてほしいと思います。

他人と比べられるものと、比べられないものです。

比べられるものは、お金や地位です。

「目に見えるもの」とも言えます。


お金や地位を最優先に行動している人を、「がめつい」とか「お金さえあればいいのか」みたいに否定しがちな風潮がありますが、そんなことが言いたいわけではありません。

お金と幸せは結びついていると思うし、事実、お金や物によって得られる幸せもあります。

誰も、目に見えるものを否定はできないと思うんです。

(この「お金」に強い抵抗感がある方は、第3章を読み直して、自分にかかっているお金ブロックを外してあげてください)


では、この「目に見える幸せ」だけでいいかというと、大きな問題があります。

「目に見える幸せ」って、持続が難しいんです。

私がすごく稼いでいて、お金をいっぱい持っているとします。
ある程度の幸福感を味わっています。
でも、私より稼いでいる人がバババンとある日目の前に現れたら、それまでの幸せは過去のものになってしまいます。

お金を稼いである程度の幸福感を味わっていても、「もし、来月、売り上げが落ちたら私は不幸になってしまう」と頭に浮かんだ途端に、その人は不安感に襲われるでしょう。

地位も同じことです。

昇進して希望の地位に就いた途端に、他者に追い抜かれたらどうしよう、降格したらどうしようという不安もセットでやってくるんです。

「目に見える幸せ」は駄目ではないけれど、持続が難しいということです。

目に見えるものだけなら、わかりやすいんですけどね。

では、人とは比べられない「目に見えない幸せ」とは何か。

本章では、私が大切にしている「4つの心」について、お話ししたいと思います。

やってみよう

幸せを感じるためのポイントとして、最初にお伝えしたいのは、「やってみよう」です。

やりたいこと、やっていますか？

やりたいことに、ちゃんと時間を使えていますか？

紙に、自分がやりたいと思っていることを書いてみてください。

知り合いに話す、でもいいです。全てを肯定的に受け止めてくれる人に聞いてもらいましょう。

人に話すのが恥ずかしい、全てを肯定的に受け止めてくれる知り合いがいないという場合は、私の運営する「かもあきお花畑サロン」に来てください。

ここは全肯定、全承認の空間ですから。

自分のやってみたいことを話すだけで、ワクワクしてきませんか？

同じように、人のやってみたいことを聞くのも、ワクワクしますよね。


人は、ワクワクするだけで、口角がグッと上がるんです。

心も身体も自然とポジティブになるんだから、すごいですよね。


そして、あなたが「やってみよう」と思ったその気持ちを、ぜひ大切にしてあげてください。

自分の中にある、ポジティブでエネルギーに溢れた気持ちだから。


「でも、時間がない」とか「でも、子どもがいるから」とか、できない理由を考え始める前に、今すぐやってください。

たとえば、「ハワイ旅行に行きたい」だったら、ハワイの風景をググるだけでもいいんです。すぐにできることを、やってください。
ハワイの風景きれいだなーって、ポジティブな気持ちになると、そこから、「いつなら行けるか」「いくら貯めれば行けるか」という、前向きな行動の連鎖につながるはずです。

ただし、「やってみよう」のポジティブな気持ちは、繊細でとてもデリケートであることも知っておいてください。

大切にしてあげないと、すぐにしぼんで消えてしまいますよ。

「やってみよう」の心に深く関わってくるのが自己肯定力です。
自己肯定力というのは読んで字のごとく、自分のことを自分で肯定する力のことです。

141

第4章

幸せに自由に生きる！
自分に縛られないための4つの心

「周りに評価されているから、自分はマルだ」とか、
「人から認められたら自分はマルだ」とか、
そういう他者評価の上に成り立つものではありません。
また、自分のことを無条件に「100点満点のマル！」とすることでもありません。

バツの部分があっても、いいんです。

私はかなりおおざっぱです（笑）。
そこで、まず、「おおざっぱなところが気になるな、私のバツな部分かな」と、ありのままの自分を認めます。
そして、「バツがついているけど、逆に『小さいことは気にしないでど

んどん前に進める』という長所でもあるな」と、一緒にマルもつけてあげるんです。

不得意なことや欠点があっても、「それはカバーしていけるな、問題ないな」と、自分に安心感を与えられるなら、自己肯定力の高い状態と言えます。

自己肯定力の高い人は、自分を信頼しているので、「やってみよう」と前向きに取り組むことができます。

自己肯定力の低い人にしてみれば、すぐに「やってみよう」と行動に移すのは、ハードルが高く感じるかもしれません。
自己信頼が足りないので、「でも……」や「どうせ私がやっても……」というネガティブな考えが、先に出てきてしまうかもしれません。

そこは、発想の転換が大事です。

何かを、ちょっとでもいいから、自分のやりたいことをやってみる。すると、自己肯定力は上がるんですよ。

やってみたいこと、やってみましょう。

一歩ずつ。そして、その行動を、一個ずつ、自分の自信に変えていきましょう。

大丈夫、できます。

まずは、やってみよう。

まとめ

- 「やりたいこと」を書き出したり、人に話してみよう！
- 「やってみよう」はデリケート！　その気持ち、大事にしよう！
- 「やってみよう」で自己肯定力もアップ！

ありがとう

「ありがとう」は、人とのつながりです。

あなたはどんなときに、「嬉しい」と感じますか？

これまで、あなたが嬉しいと感じたのは、自分が喜んでいる以上に、誰かが喜んでいる顔を見たときではないでしょうか。

「人は人、自分は自分」ってよく言いますけど、人間は一人では生きていけないですよね。

みんなが、ちょっとずつつながりながら生きているんです。

私は、「人は人、自分は自分」って何千回も言っていますし、すごく孤独が好きみたいに思われることもありますが（笑）。

そんなことはまったくなくて、YouTube配信やオンラインサロンの運営を続けられるのは、みなさんからの「ありがとう」を感じることができるからです。

毎日のようにコメントをくださったり、公式LINEで質問を送ってくださったり、「いいね」を押してくださるその想いに、つながりを感じられるからです。

「ありがとう」の気持ちを受け取ると、自分のやっていることが相手を喜ばせているんだ、と実感できます。

だから、「ありがとう」はプレゼントなんです。

「ありがとう」を言うとき、人は人とのつながりを喜び合うことができるんです。

たった一言で。
この、誰もが知っているありふれた言葉、たった一言で、
幸せに、なれるんです。

そして、「ありがとう」という感謝の気持ちは、想像する力でもあります。

たとえば、レストランに入って料理を頼み、10分後にできたてが目の前に運ばれてきました。

ここでどう思うかが、幸せの鍵だと思うんです。

以前、私がとあるイタリアンレストランを訪れたとき、隣の席にサラリー

マンがいました。
彼は、注文したペペロンチーノがテーブルに置かれると、丁寧に手を合わせて、ゆっくりと「いただきます」って、言ったんですよ。

これは、惚れますよね。
いや、惚れはしなかったんですが（笑）。
でも、なんだか幸せそうだったんですよね、その彼。
「あ、豊かな人だな」って。

ペペロンチーノが一つできるまでに、どれだけの人の想いがつながっているのか、想像してみてください。

調理してくれたシェフ、注文をとり、そして運んでくれたウエイター、お店をつくってくれたオーナー、素敵な雰囲気を演出しているテーブルの上の花、新鮮な食材を届けてくれた運送業の方、生産者の方……。

さすがに大げさ、って思いますか？

でも、本当に、どれか一つが欠けても、この目の前の美味しいペペロンチーノは食べられなかったんです。

大げさに、感謝していいじゃないですか。

感謝できるってことは、幸せなことなんですから。

だから、想像する力って大事です。
目の前の事実から、どれだけのことを想像できるかで、人生の豊かさは決まるんだと思います。

ポジティブ心理学とか、ビジネス書とか、いろいろな自己啓発系のセミナーでも、「ポジティブなことを1日何個か思い出しましょう」みたいなワークが入っています。

私のやっている連続講座「自分塾」でも取り入れています。

私のスパルタ指導の下、生徒さんはどんなに悲しい日でも、必死になってポジティブなことを思い出しています（笑）。

1日の中でポジティブな出来事、感謝できること、「ありがとう」を思い出すことを続けていると、その思考が習慣になっていきます。

「こういうことがあったら、ありがとうだ」って。

あんまり嬉しくないことがあっても、

「ここから、感謝できることを探そう」って思えるようになります。

そうやって、日々感謝の「ありがとう」を習慣化することで、どんどん思考が研ぎ澄まされていって、想像する力が大きく大きくなっていきます。

そしてふと気づいたら、あなたはたくさんの人と、豊かなつながりを感じられるはずです。

まとめ

- 「ありがとう」は人と人をつなげる言葉
- 想像力豊かに「ありがとう」の達人になろう

なんとかなる

「なんとかなる」はジョーカーです。
トランプのジョーカーって、切り札とも言われます。
最後の最後に大逆転、どんでん返しができたりしますよね。

「なんとかなる」は、そのくらい強いカードなんです。
ネガティブな気持ち、マイナスな気持ち……。
イライラしたときも、「なんとかなる」と呟けば、どんなにしんどくても、
なんとかひっくり返せるんです。

言葉の響きも、前向きで楽観的ですよね。
ポジティブで、細かいことを気にしない、失敗を恐れない、みたいな。
なので、この言葉を使う人は幸福度が高いです。

「なんとかなる」というと、中にはこういう解釈をされる方もいます。
「もういいよ。努力しなくたって。なんとかなるんでしょ？」って。
そして、ソファに寝転がって、せんべいを食べながらワイドショーを見ていたり。

いいえ、それは、なんとかならないかもしれないです。

「なんとかなる」は、1つ目の心、「やってみよう」の上に成り立つと言ってもいいです。

「やってみよう」「ありがとう」「なんとかなる」「ありのまま」この4つの心は、1つだけをやれば、それで幸せになるわけではなくて、それぞれが相互作用して、最大の効果を発揮します。

中でも、この「なんとかなる」は、ジョーカーであるがゆえに、取り扱いには気をつけてほしいのです。

先ほどの例では、「やってみよう」も「ありがとう」も実践しないで、「とにかくなんとかなるんでしょ」という解釈になってしまっています。

もっとわかりやすく言うなら、「なんとかなる」は、悩んだり心が苦しくなったときに、まさしくジョーカーのように、「心の切り札」として、自分に言ってあげる言葉でもあります。

「大丈夫、なんとかなるよ」

って、自分で自分に言うんです。

すると、根拠のない自信が生まれて心が軽くなったり、行動できる自分になれます。

日本人は、この「なんとかなる」という考え方を自然に身につけている人が多いです。

クリスマスが来ると、私たちはウキウキしながらツリーを飾ります。そして、お正月を迎えると神社に行ったり、人が亡くなるとお寺に行ったり。これ、多くの海外の人たちからすると、信じられない行為なんですよね。外国ではほとんどの人が、特定の宗教を信仰しているせいか、はっきりとしています。白黒つけたい人が多いです。

かたや私たち日本人は、「まあこれかな」って、そのあたりすごく寛大なので、「なんとかなる」が浸透しやすいんです。

「どっちに転んでも失敗しないよ」「どれを選んでも大丈夫だよ」

このあたりの感覚に、「なんとかなる」の精神があるんだと思います。

だから、迷ったときにはどちらを選んでもいいし、失敗なんてないし、どちらを選んでもマル。

「大丈夫、なんとかなる」なんです。

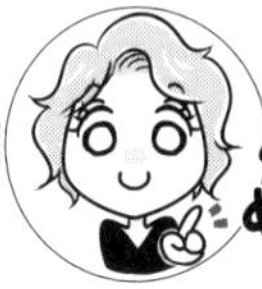

まとめ

- 「なんとかなる」は切り札
- 失敗はない。なんとかなる

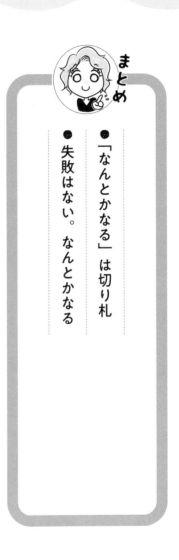

ありのまま

世の中を自分の目で見ている、いわゆる自分軸で生きている人。
そういう人の、幸福度は高いです。

難しい言葉を使うと、相対的価値から解放されて、絶対的価値に生きるということです。

誰かと比べることや、目に見える幸せは「相対的価値」であり、先ほど少し触れたように、長続きしないものです。
また、相対的価値に生きる人は、自分の幸せを決めるのは自分ではなく、周りにいる人や、境遇によって生き方が決まるということになります。

それに対して「絶対的価値」とは、美味しいものを食べたときに自然と笑顔になるような、自分の中から生まれてくるものです。
「私が幸せだと思ったから、幸せなんだ」という、自分の中にある、そのままの想いを主軸に生きている。そういう人は、絶対的価値に生きていると言えます。

一言で言えば、「ありのまま」の自分で生きている人が幸せな人ってことです。

おおざっぱな私でいい。
バツがついている自分も、いい。
それが私なんだからそれでいい。

そうやって、ありのままの自分でいられたら、あらゆる悩みから解放されます。

ここで一つ、私の好きな詩を紹介します。

「私と小鳥と鈴と」

金子みすゞ

私が両手をひろげても、
お空はちっとも飛べないが、
飛べる小鳥は私のやうに、
地面《じべた》を速くは走れない。

私がからだをゆすっても、

きれいな音は出ないけど、
あの鳴る鈴は私のやうに、
たくさんな唄は知らないよ。

鈴と、小鳥と、それから私、
みんなちがって、みんないい。

「みんなちがって、みんないい」
そのとおりですよね。
他人の違いも、自分の違いも、全部全部認め合って、喜び合えばいいんです。

この詩、このままでもちろん最高なんですが、あえて一言、付け加えさせてください。

「みんなちがって、みんないい。私もね」

あなたはきっと、優しいんです。
周囲の心の動きにも、よく気がつくことができるんだと思います。

でも、そんな優しいあなただからこそ、周りを見渡すのはもう十分です。

みんなも、「あなた」も、みんなと違っていいんです。
みんなのではなく、「あなた」の心の動きを、一番よく見てあげてください。

子どもたちが小学生のころ、私はPTA会長を務めました。

PTAというのは、経験したことのある方はおわかりでしょうが、何十年もの間、専業主婦のお母さんたちを中心に活動してきた文化があります。

日本特有の、「お父さんが外で働き、お母さんが家を守る」みたいな伝統を、いまだ良しとしているような、専業主婦のお母さんじゃないと回らないルールが、そこかしこにありました。

でも、今って働くお母さんもたくさんいて、幸せのかたちも人それぞれ違いますよね。

私は働いていたし、ありのままの自分の思いを大切にして、無理な依頼はきっぱりと「無理です」と断っていました。

すると、どうなるかわかりますよね。

はい、周りから叩かれまくりました（笑）。

そのときに私はどうしたかというと、周りからたくさん攻撃されながらも、自分の想いは大切にし続けました。

その結果、見えてきたことがあります。

「これまでのやり方がベストとは言えないが、何十年もの活動を支えてきた先輩たちがいて、何十年もこうやって子どもたちを喜ばせてきたんだ。

これまでのやり方も、それはそれで素晴らしい部分がいっぱいあるんだな」

そんなふうに、伝統を重んじようとする人たちの想いもわかってきました。

なので、このまま自分がやりたいようにやるのではなくて、自分のペースを守りつつ、周りはこうなんだと理解しながらやっていくのが、もっともお互いが力を発揮できる方法なのかなと思いました。

「だったら最初から、協調性をもってやればよかったのでは？」と思った方もいるかもしれませんが、それでは、周りの意見ばかりを汲み取って、自分の「ありのまま」を後ろに追いやりかねません。

一番大切にすべきは、自分の気持ちです。
自分の気持ちをきちんと相手に示すことで、相手も自分の想いを理解してくれて、どこで距離を置き、どこで協調すべきなのか、線引きもはっきりします。

自分の気持ちを大切にするからこそ、相手の気持ちも同じだけ価値があることを実感し、尊重することができます。

人は一人では生きていけません。

絶対に、人とつながりながら、協調して生きていくんです。

みんながそれぞれの「ありのまま」を尊重し合えることが、お互いの幸せへの近道になると、私は信じています。

まとめ

- ありのままの自分でいられたら、あらゆる悩みから解放される！
- みんなちがって、みんないい。私もね。

第5章 自分の咲かせたい花を咲かせる！

何にも縛られないための野原理論

「野原理論」で自由を手に入れて

「野原理論」で自由を手に入れて

ここまで本書を読んでくださった方は、すでに、「私、何にも縛られなくていいんだ！　私は私の生きたいように生きればいいんだ！」って気づいていると思います。

気づいたあなたへ。
おめでとうございます。
あなたはもう大きな一歩を踏み出しています。

でも、本番はここからですよ。
気づいていることと、日常で実践できるかどうかは別物ですから。

ウキウキとした今の気持ちを打ち砕くような、つらい言葉をかけられたとき、自分は、どうあれるか。
あなたのやりたいことが制限される出来事が起きたとき、どうあれるか。

予想外だらけの毎日を生きるあなたに、最後に私から、「野原理論」のプレゼントをさせてください。

私はずっと「自己肯定力」という、モヤモヤ～ンとしたものの正体を考えてきました。

自己肯定力って見えないし、今日は1リットル、明日は2・5リットルとはならないので、どうにかして見えないかな、とずっと考えていました。

そして、あるとき、気がつきました。

「そうか、野原にたとえればいいんだ」って。

心を鎮めて、野原が広がる情景を思い描いてみてください。

そこは、あなたが咲かせたい花だけを咲かせることができる、自分だけの野原です。
私の野原はこういう野原かなって、イメージしてみるんです。
穏やかな野原、明るい野原。
お花がたくさんでもいいし、緑いっぱいの草原に花を一輪だけ咲かせてもいいです。

大切なのは、あなたが咲かせたい花を咲かせること。

ここで言う「花」とは、「仕事を頑張る心の花」とか、「感謝する心の花」とか、あなたが大切にしている価値観のことです。
だから、野原に咲く花は人によってバラバラです。

自分だけの野原ということは、その野原を管理し、花を育てて咲かせるのもあなたの仕事です。誰かに管理してもらうことはできません。

そして、誰かに侵入されないように、しっかりと塀を作って守る必要もあります。


自己肯定力が低い状態のときは、塀の外が気になります。

別の誰かの野原を見て、「あぁ、いいな。あの野原！　ヒマワリがいっぱい」とか、「スイレンの花が美しくて大人っぽくて、羨ましい野原だなぁ」とか。

自分の野原は大した世話もせずに、「私の野原はお花がないわ」って落ち込んでいたりします。


自分の野原の花の世話に一生懸命だったら、他人の野原なんて本当は気にならないはずです。

自己肯定力が高い人は、自分の野原の花を咲かせることに一生懸命で、すごく充実していて、穏やかです。

だから、「いいなぁ」の気持ちが生まれたときこそ、自分の野原をよく見て、手をかけてあげてください。

「私はなんの花を咲かせたかったんだっけ？」って。

落ち込んだり、マイナスな気分になったときは、自分の野原をイメージしてください。

穏やかな、最高の状態の、あなたの心があたたかくなる野原を頭の中でイメージするんです。

すると、どんなに嫌なことがあっても、その想像力のおかげで、秒で自分の心を整えることができます。

私は、行列に並ぶことが苦手です。

コンビニでちょっとした買い物をしたいだけなのに、数名並んでいたら、もう駄目ですね。ちょっと待っている間もイライラすることがあります。

そんな私を見ていた夫から、追い討ちをかけるように、「お前は本当に待てないよな」なんて言われると、いよいよ爆発しそうになります。

そんなときに私は、一呼吸置いて、自分の頭の中に最高の状態の野原を想像します。

「ちょっとイラッとしちゃったけど、でも、私は穏やかな野原の中で生きていくんだ」

「他人を、自分の野原に入れないんだった。誰かの言動は、私の野原にはまったく影響しないから、大丈夫」

「イライラの花はさっさと引っこ抜いて、穏やかな花をまた育てるんだ」

こんなふうに、自分のいい状態を思い出すと、すぐに心を立て直すことができます。

他人からも、過去の自分からも縛られなくていい。本書を通して、そう気づいたあなたは、理想の自分の姿、自分の野原が見えてくるはずです。

その野原を日々イメージして過ごすことで、気がつけば何にも縛られないで自分らしく生きるあなたがそこにいるはずです。

大げさに言ってしまえば、本書の内容は全て忘れてもいいので、自分の理想の野原だけ覚えておいてください（笑）。

あなたらしい野原は、どんな野原ですか？

まとめ

- あなただけの野原で、あなただけの花を咲かせよう
- 何があっても、野原をイメージすることで自分の心は立て直せる

咲かせてはいけない毒の花①

「他人軸の花」

好きなお花をなんでも咲かせていいよと言いましたが、これだけは気をつけてほしいという3つの毒の花についてお話しします。

毒の花を刈り取らないでいると、いつの間にか居心地の悪い、窮屈な野原＝生きづらい生活に戻ってしまいますから。

1つ目の毒の花は、「他人軸の花」です。

自分だけの野原のつもりが、気がつくと侵入しようとしてくる他人軸の花。

「人から良く思われたい」

あなたの心に隙を見つけると、そこからニョキニョキと生えてきてしまうんです。

次ページのチェックリスト、あなたはいくつ当てはまりますか？

野原理論チェック ～他人軸の花編～

チェックが多いほど、他人軸の花が咲きやすいです。

チェックポイントそれぞれに、「こう考えればいい」という具体的な解決策を紹介しています。他人軸の花を断ち切るヒントにしてください。

□ 人に嫌われたくないという思いが強い

もちろん私だってわざわざ人から嫌われたくはないですよ、それが可能ならば（笑）。でも、本書で触れているように、10 人いたら1人とは絶対に相性が悪いんです。これは例外などない、自然の摂理だから仕方ないんですよね。なので、9 人と仲良くすることに集中しましょう。

□ 「私はどうしたらいい？」と聞くことが多い

まずは小さなことから、秒で決める練習をしてください。服、食べ物、本や映画など、日常の何気ない選択を他人に任せていませんか？　自分の使う時間には責任を持ち、「自分で」決めましょう。

□ ○歳までに○○しないと、という焦りがある

歳だからと焦って決めた結婚は 100％失敗します。結婚生活って、そんなに甘くありません。「あの人が○歳までにって言ったから」なんて後悔をしても、あなたの結婚に誰も責任を取ってくれませんよ。あなたは「他人から幸せと思われたい」のか、「自分が幸せになりたい」のか、どちらですか？　自分で考えて、選択しましょう。

□ 人からもらったものを捨てられない

プレゼントとは、モノの形をした相手を想う気持ちです。渡された瞬間、つまりあなたがプレゼントを受け取った時点で、贈り主の想いも 100％受け取ったと考えて大丈夫です。自分が気に入らないものは、すぐに処分しましょう。

□ 人に感謝されないとがっかりする

「○○してあげたのに」「大変だったのに」。この「……のに」はありがた迷惑のワードです。

このフレーズを口にしてしまったら、言わなかったことにして、さっさと忘れましょう（笑）。

咲かせてはいけない毒の花②

「制限の花」

変わりたいと思うけれど、変化を恐れる方は、知らず知らずのうちに、自分に制限をかけてしまいがちです。

「これ以上の仕事も、やりたいこともできそうにないし、今あるお花があればいいかな。もうたくさん花が咲いているし、十分かな」と、無理して自分を肯定している方はいませんか。

そうやって自分の気持ちを押し込めていると、咲いてしまうのが、「制限の花」です。

次ページのチェックリスト、あなたはいくつ当てはまりますか？

野原理論チェック ～制限の花編～

チェックが多いほど、制限の花が咲きやすいです。

チェックポイントそれぞれに、「こう考えればいい」という具体的な解決策を紹介しています。制限の花を断ち切るヒントにしてください。

□ 何事も失敗したくないという想いが強い

失敗しないと成功しないし、失敗しない人間なんてありえないです。失敗したらラッキー♪　と言葉にしてみましょう。

□ 「だって」「でも」という言葉がよく出てくる

「だって」「でも」は禁止！　と自分の中で決めましょう。今から金輪際使わないと決めてください。禁止なのについ口にしてしまったら、「今のは、なし！」と言って、違う言葉で言い直してください。

□ 髪型、メイク、服装が5年前と同じ

自分が一番美しかった、「ピークのときの私」の格好をし続けている人は多いです。お店に行って、プロにお任せしてみましょう。素直に、おすすめを聞いてみればいいんです。

□ 環境が変わると大きなストレスを感じる

環境が変わるというのは、つまり未来の予測がしづらい状況になることです。まだ何も起きていないのに勝手に悪い未来を予想して、被害妄想にふけるのをやめましょう。自分をよく見せようとする気持ちも手放すことです。

□ 忙しくて睡眠や食事を後回しにしがち

自分さえ我慢すればうまく回るからと、自分の健康を後回しにするのは絶対にやってはいけません。健康に関することは、むしろ妥協しないでください。あなたが幸せで健康でいること、それこそが周りへの感謝を示す一番の方法ですよ。

咲かせてはいけない毒の花③

「肯定できない花」

素晴らしいあなたなのに。

今のあなたのままで、素晴らしいのに。

自分に自信が持てず、自分にマルをつけてあげられない方へ。

自分にマルをつけられない人が、他人にマルをつけられることはありません。

自分の素晴らしさに気づいていない人が、他人の素晴らしさに気づくことはできません。

そんなあなたには、気がつくと「肯定できない花」が咲いてしまいます。

次ページのチェックリスト、あなたはいくつ当てはまりますか？

野原理論チェック ～肯定できない花編～

チェックが多いほど、肯定できない花が咲きやすいです。

チェックポイントそれぞれに、「こう考えればいい」という具体的な解決策を紹介しています。肯定できない花を断ち切るヒントにしてください。

□ 自分に似合う服がよくわからない

大丈夫。大概の人は、自分に似合うと思う服を間違っています。素人判断をやめて、プロにコーディネートしてもらいましょう。特にカラー診断はおすすめです。「あなたを最高に引き立てる色」に出会えますよ。

□ 自分の期待どおりにならず、他人にイライラすることがある

他人が、自分の思いどおりになるわけがありません。あなただって、他人の思いどおりになりたくないですよね？　どんな相手にもマルをつけてあげましょう。一瞬、イライラしてしまった自分にも、マルを。

□ 幼いころに、褒められた記憶があまりない

小さなころの楽しかったことを、よ〜くよ〜く思い出してみませんか？　忘れているだけで、きっとあったはずです。心があたたかくなる記憶、掘り起こすことができたら教えてくださいね。

□ 自分には何か足りないと常に感じている

完璧主義にいいことなんて一つもありません。完璧な人なんて、そもそもいませんから。「足りていない自分」こそが、完璧なんです。

□ 自分の本音を言えずにいることが多い

自分の感情を表に出せる、安心する空間に身を置きましょう。親でも、パートナーでも友達でもいいです。今、周りにそんな人がいないという方は、「かもあきお花畑サロン」に来てください。大丈夫。いい人しかいませんから、安心して感情表現してくださいね。

Column

コラム集

縛られない日々

～解放された、その後の私

Column 1

期待をやめたら聞こえてきた、娘からの「ありがとう」

小山田 愛夢

鴨頭明子さんと出会う前の私は、5歳の娘に対して、「朝の支度やご飯を食べることは自分でやるもの」と、期待していました。

そして、思うように支度やご飯を済

縛られない日々
～解放された、その後の私

ませてくれない娘に毎朝イライラしていました。

私がご飯を口に入れたり、着替えさせたりすることは甘やかしになってしまい、娘が自分のことをやらなくなってしまう！　と思い込んでいたんです。

でも、明子さんと出会い、YouTubeやオンラインサロンでの明子さんの言葉たちに、たくさんの衝撃を受けました。

私が笑顔でいることを優先すればいい。
娘に期待しなくていい。
私は、「子どもをしっかり育てているお母さん」という周りの期待に応えなくていい。

そして、私は、決めました。

「娘に怒るくらいなら、今は手伝ってあげたらいいんだ！　2人が笑顔でいられるほうがいい！」

その結果、変わったことは……、

娘からの「ありがとう」です。

実際には、イライラしていたころの私にも娘はちゃんと「ありがとう」

を伝えてくれていました。

しかし、時間にも心にも余裕がなかった私は、「はいはい、わかったから早く支度して」という感じで受け流していました。

まだまだ未熟で、イライラしてしまうときもある私ですが、以前よりも少しずつ穏やかな心になったおかげで、娘からの「ありがとう」が心の芯まで沁みるようになりました。

そして「ありがとうって言ってくれてありがとうね」と、私も娘へのありがとうが増えました。

娘と触れ合う時間も、笑顔で目を合わせる時間も増えました！

「期待しない」という言葉に、元々は「見捨てている」というような、ドライな印象を持っていました。

でも、「私の笑顔が家族の幸せ」を意識したうえで、自分のためにも相手のためにも、「期待しない」を実践してみたら、

それこそが、私と娘にとっては笑顔への近道でした。

コラム集

207 縛られない日々
～解放された、その後の私

Column 2

子どもこそが、私のお手本だった！

神谷 かおり

これまでは、子どものお小遣いの使い道につい口出ししてしまう自分がいました。

「えぇーこれに使うの？ もったいない！」

「どーせ大切にしないですぐ捨てちゃうのに」

「せっかく買ったんだから大切に使いなさいっ！」

あったらあるだけ、お小遣いをすぐ使う子どもたち。

縛られない日々
～解放された、その後の私

後先考えずに自分のおもちゃなど、買いたいものを買えるだけ買ってしまう子どもたちに私はイライラしていました。

そして、子どもたちに対して、私の価値観を押し付けまくり……、正直すっごくうるさい、お金ブロック押し付け母ちゃんだったと思います（笑）。

でも、明子さんと出会った今の私は違います。

子どもたちがお小遣いを何に使おうが、「どーでもいい!!!」そう思えるようになりました。

そして、私自身も、自分のお金を気持ちよく使えるようになったころ、ある日長男が私に質問をしてきました。

「お母さんは、なんでばあちゃんにお金あげるの？」と。

「これはね、今までばあちゃんに育ててもらった分、恩返ししたいから返ししているんだよ」

「へぇ、そうなんだ」

この何気なく自分から出た言葉で、自分自身の変化に気づきました。

かつては母親への仕送りは、「娘だから仕送りしなきゃ」という思いも

縛られない日々
～解放された、その後の私

多少あったものの、今は、「恩返しで、『私が返したいから』返す」という気持ちに変わっていたんです。

それからまたしばらくたったころ、ふと子どもたちのお小遣いの使い方を見てみました。

すると、長男は弟が欲しがっていた鬼滅の刃のテッシュやジュースを弟に買ってあげていたんです。

さらに、ある日、祖母が買い物途中に「かわいい」と呟いて見ていた猫の置き物がありました。長男はそれを見て「僕のお小遣いで買ってあげる」と祖母にサプライズでプレゼントしたりと……。

めちゃくちゃいいお金の使い方してる!!!

私がガミガミ言っていたころには、そんな使い方してなかったよね??

「全ての原因は自分にあったんだ」と気づけた瞬間でした。

これまで信じてあげられなくて、本当にごめんね！

ちなみに今日も長男の奢りで公園のボート（4人乗り1300円なりー）に乗ってきます（笑）。

バンバンお金を使う息子に「もうお小遣いなくなっちゃうけど大丈夫？」と、（また余計なお世話をしてしまったと思いつつ）質問したら、

「大丈夫っ！　またお手伝いして稼ぐからっ‼」

か……かっこいい♡

かっこいいお金の使い方をしている人が、こんなに身近にいました！（笑）

かもあきさんのようなお金の使い方を目指していましたが、子どもがすでにできていたとは驚きです。

気持ちのよいお金の使い方をする息子から、今後とも学ばせていただきます♡

Column 3

全ては自分軸の発見からスタートした！

山田 香

明子さんをYouTubeで知ったことをきっかけに、私も昨年春ごろから、メイクの仕方をレクチャーするYouTube配信をスタートしました。

毎日配信していると、そのうち視聴回数が増え、動画を最後まで観てもらうためのコツが感覚でつかめるようになり、今ではどうしたらもっと視聴者に喜んでもらえるか？

そんなふうに試行錯誤しながら、楽しく生き生きとした日々を送っています。

215 縛られない日々
～解放された、その後の私

ただ、こんなふうに「自分軸」を持ってやりたいことに邁進する自分は、明子さんと出会う前の私からは想像ができませんでした。

かつての私は、かなり偏った「他人軸」の人間でした。

大手化粧品メーカーの美容部員として23年間働いていましたが、当時からメイクは好きだったものの、「お客様にメイクを喜んでいただけているのだろうか」とビクビクしたり、社内でも周りに気を使いすぎて疲れてしまっていました。

しかし、明子さんと出会い、毎日欠かさずYouTube配信をする明子さんを見て、ハッとしました。

「他人の意見には、耳を貸す必要ないんだよ」

「誰もあなたの人生の責任は取らないよ」

「自分のやりたいこと、やってみよう」

そんな言葉が胸に響き、ついに私にも行動を起こす勇気が湧いてきました。

縛られない日々
～解放された、その後の私

まずは、明子さんの「かもあきお花畑サロン」に入り、自分が本当にやりたいことはなんなのか、その探求の日々が始まりました。

そして、オンラインサロンで毎朝明子さんから出されるお題に答えていると、いつの間にか「自分軸」で自分の想いをちゃんと聴けるようになりました。

そして、「やっぱり私はメイクが好き」という自分の想いに気づくことができました。

美容部員としてお客様にメイクをして喜んでもらっていた経験を活かし、これからはメイクの先生として「メイクの仕方」を詳しく教えることで、もっともっとたくさんの女性が自信を持って生き生きと輝けるのではないかと思ったんです。

今では、私のYouTubeを観て一人でも多くの方がメイクの仕方を覚え、喜んでくださることが生きがいです。

今、自分のやりたいことを毎日できていること、それは明子さんと「かもあきお花畑サロン」のみなさんが見出してくれた「自分軸の発見」からのスタートだったと感じています。

縛られない日々
～解放された、その後の私

Column 4

成功者と呼ばれる日々の中で忘れていた「私」

松葉子

私はインナービューティーインストラクターとして、現在女性の美姿勢のサポートや、「心と体と魂を繋ぐ」事を目的としたオンラインサロン等を運営しています。

専業主婦歴11年のところから一念発起して起業し、今は会社設立6年目。

細々ながら、お客様からの信頼と実績を重ね、年々事業は拡大しています。

そんな私は、世間的には成功者と

され、周りからは「すごいね」と言われていました。

ただ、私の中ではすごいとは全く思っておらず、「上には上がいる」「もっと頑張らねば」と、いつも何かに追われ心休まる感覚がありませんでした。

そしてそんな自分を「前向きに頑張っているな」と自分では思っていました。

ただ、仕事が拡大すればする程、関わる方々も増え、だんだんとプレッシャーも大きくなってきました。

私自身、メンタルカウンセリングもしていますし、起業講座もしているのに、私自身の事はかなり高い棚の上にあげて見えないようにし、自分のメンタルは後回しになっていたんです。

それを気づかせてくれたのがかもあきＴＵＢＥであり、大好きな鴨頭明子さんです。

私は、金子みすゞさんの詩〝私と小鳥と鈴と〟が大好きで、「みんなちがって、みんないい」が私の人生の指針の言葉になっていました。

周りから「エネルギーが高い」と言われることを自負しており、それがいつしかそうあるべきと無意識に「べき論」化していたことを、明子さんが教えてくれました。

「みんなちがって、みんないい。私もね。」

縛られない日々
〜解放された、その後の私

明子さんが言って下さったこの言葉の「私もね」をいつしか忘れてしまっていました。

「私」を、もう一度大切に思う気持ちが芽生えてきました。

かもあきTUBE、そしてかもあきお花畑サロンは「一歩踏み出せない人に最高な場」と言われていますが、いやいや。

自分はどんどん前に進むこ

とができていると思っている人にも、大きな大きな気づきを与えてくれます。

出会えたことに感謝です。

明子さん大好きです。

コラム集

225 縛られない日々
～解放された、その後の私

おわりに
～大丈夫、あなたは幸せになれるから～

私が私らしく生きていられる理由は何か。

この問いが、私の中で一番の難問でした。

「なぜ明子さんは自分の意見をしっかりと持ち、自分軸で生きられるのですか?」と聞かれるたび、うまく答えられない自分がいました。

だって、気づいたときにはこうだったからです。

おわりに
～大丈夫、あなたは幸せになれるから～

成長するにつれて、段々とそうなったわけではありません。

私は子どものころに親に怒られた記憶がありません。

両親は、怒っていたつもりのようですが、私は、何を言われても、「今『怒り』という感情を持ったのは親だから、親の問題だなぁ」

なんて、俯瞰している子どもでした。

なので、他人の意見や考えに一喜一憂して自分を偽ろうとしてしまったり、他人に依存して苦しそうな人＝他人軸で生きる人の気持ちが理解できませんでした。

ずっとずっと考えてきました。

母は、私の自分軸を100倍太くしたぐらいの軸を持っていて、人生がとっても楽しそうです。

父が船乗りだったので家にいなかったり、帰ってきたら浴びるようにお酒を飲んだり、母自身ががんになったり大病をしたり諸々不幸なことがあっても、心地よく楽しい状態へと着地できる強さを持っています。

私は、自分が大人になったら、母のように楽しそうに生活するんだろうなぁと思っていました。

そして、母を見ながら成長し、5歳のころの「私」のまま、自分軸をブレさせることなく今ここにいるのだと、あるとき気づいたのです。

その瞬間、母への感謝の気持ちでいっぱいになりました。

同時に、「他人の意見に振り回されてしまう人」とは、

「自分軸で生きていた5歳児が、いつの間にかその軸を心の奥にしまい、他人軸で生きなければならない境遇に置かれてしまった人たちかもしれない」

と気づき、心がズキズキと痛みました。

誰だって、「自分軸で生きていた」5歳のころの自分が心の奥にいます。自分にはいないと思っていても、絶対に隠れています。

どんな境遇で生きてきた人も、自分軸はきっと取り戻せるはず。
そうすれば、きっと生きやすくなるはず。

2020年3月10日、私はそんな想いを胸に、「生きやすくなる」オンラインサロン「かもあきお花畑サロン」を開設しました。

私は毎朝、サロンメンバーにお題を出しています。

「5歳のころの自分に言ってあげたい一言は？」
「一つ、自分の自慢をしてください！」
「子どもに『幸せって何？』と聞かれたらなんと答えますか？」

おわりに
～大丈夫、あなたは幸せになれるから～

これらの質問に答えることは、自分自身の探求です。

サロンメンバーが自分自身の心の中を掘り起こし、良い思い出とも嫌な思い出とも向き合いながら、自分軸を取り戻していく。

そんな願いを込めて、毎日極上のお題を出しています。

本当の自分を取り戻すために必要なことは、やみくもな行動ではありません。

セミナーに参加することでも、尊敬する人の話を聞くことでもありません。

自分に問い続けることです。

本書でも、あなたに対して意見を言ってくる他人が度々登場しました。

「そんなことやめたほうがいいよ」とか、「今更、そんなことするの？」というような、否定的な考えの持ち主たちです。

この否定的な意見を言ってくる人というのは、実は、「他人軸で生きてきた」あなた自身のことです。

自分軸で生きていきたい、と変わろうとするあなたに対して、「変わるな、変わるな」って何度も言ってくる他人軸の自分。

鬱陶しく感じるかもしれません。

でも、そんな他人軸のあなたも、本当はあなたのことを守りたいだけ。

自分軸で生きようとすることで、あなたがこれから遭遇するかもしれない悲しみや危険から、あなたを守ろうとしているんです。

だったら、「でも」「だって」と否定的な自分がひょっこり顔を出してきても、自分自身を責めないであげてください。

そんな自分に、言ってあげてください。

「私、大丈夫だからね」って。

「ありがとう」
「でもね、なんとかなるよ」
「傷つくかもしれないけど、やってみよう？」
「ありのままの自分でいたいから」

自分らしく生きたいと思う自分軸の自分も、他人軸で生きるしかなかった、これまでの自分も。全部よしよしして、また歩き始めましょう。

泣きたい夜も、全部投げ出したくなることがあっても、逃げたくなっても、

それでも、あなたは大丈夫。

もし、どうしても自分のことがわからなくなって立ち往生してしまった

なら、「かもあきお花畑サロン」に来てください。

いろんな人がいそうで怖い?
自分以外の人が輝いているのを見たら、落ち込みそう?
変われなかったらどうしよう?

大丈夫!!!(笑)

そこはもう、「仲良しサークル」とは無縁の世界ですから(笑)。

全員が「自分とは?」を問い続け、もがきながらも自分の心の野原を耕し、花を咲かせようとしている場所です。

だから、あなたはあなたの野原を耕せばいいんです。

周りの人より花が少なくたっていい。
まだまだ、雑草があったっていい。
うまくいかなくて落ち込む日があったっていい。

私はこれからも何度だって言いますから、どうか忘れないでください。

みんなちがって、みんないい。私もね。

最後までお読みくださって本当にありがとうございました。

おわりに
～大丈夫、あなたは幸せになれるから～

いかがでしたか？

本書を手にとってくださったことで、自分らしく自由に生きられる人が一人でも増えることを願いながら、ペンを置きたいと思います。

最後になりましたが、今回の出版にあたり、楽しみながら力を貸してくれた、お花畑サロンメンバー、お花畑サロンスーパー事務局の板倉由果さん、かも出版木本健一さん、加藤くるみさん。

幸せな人生を生きる最高のライバル、鴨頭嘉人さん。

そして、私を私のまま育て愛してくれた大好きなお母さん。

天国で見守ってくれているお父さん。

今回イラストを担当してくださいました、きょこさんこと田中恭子さん。

悩んでいた子育てもお仕事も楽しめるようになったこと。

自分軸は「ないもの探し」ではない、ちゃーんと自分の真ん中にあって、見つけることができたこと。

まさに、お花畑サロンメンバーの変化そのものです。

サロンを満喫してくださっているきょこさんにイラストを描いていただいたこと、こんなに幸せなことはありません。ありがとうございました。

みなさまの支えがあってこの本は誕生しました。

本当にありがとうございました。心より御礼申し上げます。

鴨頭 明子

よくできまし
ポンッ

参考文献

■ つい「他人軸」になるあなたが7日間で自分らしい生き方を見つける方法／根本裕幸・著（あさ出版）

■ 書くだけで「自己肯定感」が高まるワークブック／根本裕幸・著（宝島社）

■ 書くだけで人生が変わる自己肯定感ノート／中島輝・著（SB クリエイティブ）

■ 何があっても「大丈夫。」と思えるようになる自己肯定感の教科書／中島輝・著（SB クリエイティブ）

■ 怒らないですむ子育て：そのイライラは手放せます／水島広子・著（小学館）

■ プレッシャーに負けない方法 ―「できるだけ完璧主義」のすすめ／水島広子・著（さくら舎）

■ 自己肯定感が高まる最高の方法―――内側からすごい安心感と幸福感が！／常冨泰弘・著（三笠書房）

■ 小さなことに左右されない「本当の自信」を手に入れる9つのステップ／水島広子・著（PHP 研究所）

鴨頭明子《かもがしらあきこ》・かもあき

24 歳のときに日本マクドナルド株式会社の中途採用面接を受ける。面接の結果、人事部は不採用のつもりが……、歯に衣着せぬ物言いで裏表のない性格を見抜いた営業部の「面白そうだから採ってみよう」の一言でマクドナルド人生が始まる。
27 歳で当時働いていた店舗のとても話上手な店長と結婚。その後、マクドナルドから独立した夫は YouTube 講演家となる。
アルバイト 6 年社員 10 年の 16 年間を通じて、人生で大切なことをみんなマクドナルドで教わり、2014 年 4 月に奮起一番、ダイエットトレーナーとして起業。「かもあきダイエット」を主宰し、6 年間で 1,500 人以上の健康美人・健康イケメンを生み出す。健康をテーマにブログを書き続けた結果、アメブロ美魔女部門 1 位を獲得し、2017 年 7 月に「あなたが痩せられないのは、一生懸命ダイエットをしているからだ」（サンクチュアリ出版）を出版。

ダイエットに関するカウンセリングを実施する中で、ダイエット以外の相談を受けることが増えたことをきっかけに、毎朝 8 時半からの「かもあき TUBE」で YouTube ライブ配信を開始。その勢いで 2020 年に YouTube 講演家になる。

同年、人生初のリアル講演会を開催し、270 人を集客。物怖じせずに実施した 2 回目の講演会では 400 人、3 回目となるビジネス YouTuber 夫婦コラボ講演会では、1,460 人もの観客を魅了した。

一日ひとつの質問に答えるだけで自己肯定力が劇的に上がる「かもあきお花畑サロン」は、オンラインサロンの検索サイトで高評価部門第 1 位を獲得。現在 1,100 人を超える会員に、世界一平和で心穏やかになる環境を提供している。

「かもあきお花畑サロン」など著者の情報はこちら
https://linktr.ee/kamoaki1223

きょこ

北海道十勝生まれ。漫画家・イラストレーター。

三重県で夫・息子・娘と4人暮らし。

会社員時代に、さまざまなストレスからプチ鬱状態に。そんなとき、「かもあき TUBE」と出会い、電撃が走る。「どうせ一回しかない人生、やりたいことやってみよう！」と、大好きな絵を描く仕事を始める。note にてエッセイ漫画を掲載の他、かもあき TUBE の内容をまとめた「かもあき TUBE 感想グラフィックレコーディング」が大好評。かもあき TUBE 公式 LINE スタンプのイラストも手がける。2021 年秋には初の著書を出版予定。

HP : https://kyoko-illustration.com
note : https://note.com/kyocomic
Twitter : https://twitter.com/kyoko551015
Instagram : https://www.instagram.com/kyoko551015/

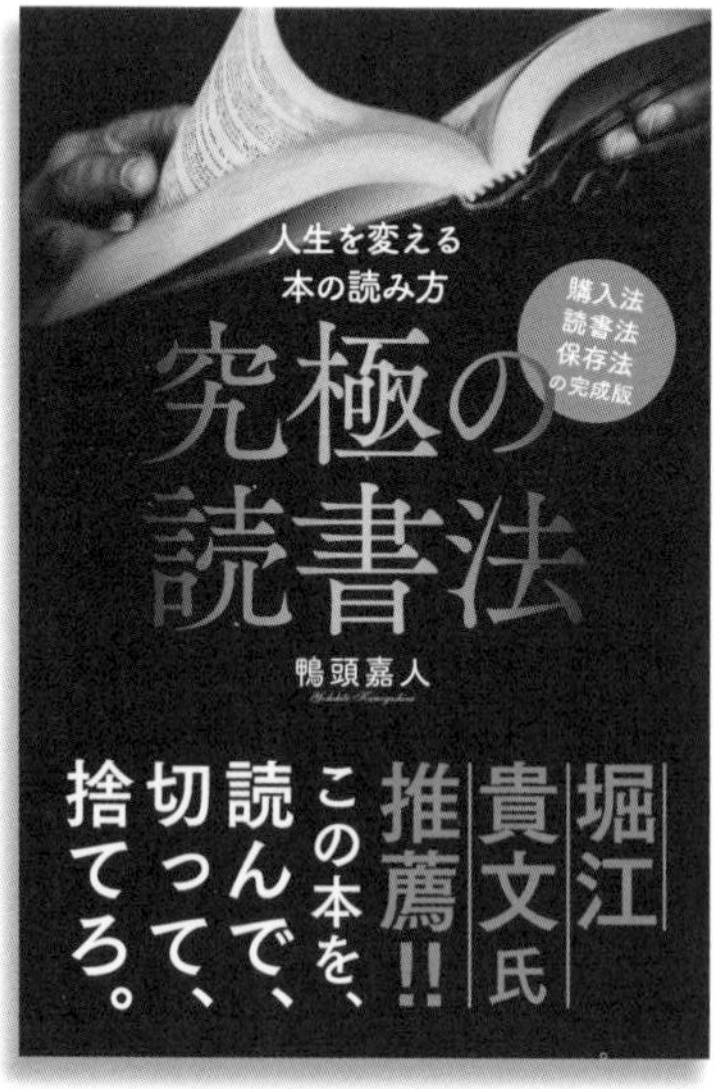

発行　かも出版
発売　サンクチュアリ出版
定価　本体1200円+税
頁数　176P
ISBN　978-4-86113-869-0

究極の読書法
〜 購入法・読書法・保存法の完成版

著：鴨頭 嘉人

常識を覆す新しい読書法

目の前にある山積みの本が消えて、全ての知識があなたの頭の中に入ったら…。
場所に限りのある本棚ではなく、脳に際限なく本を並べるまったく新しい読書法。

こんな方におすすめ
・豊富な知識と擬似体験を手に入れて、多くの人に影響力を与えられる人になりたい！
・本をたくさん読んで最新のビジネスノウハウやスキルを身につけたい！
・メールや書類を素早く読んで仕事の効率をあげたい！

発行　かも出版
発売　サンクチュアリ出版
定価　本体1500円＋税
頁数　208P
ISBN　978-4-86113-407-4

今まで誰も教えてくれなかった
人前で話す極意

著：鴨頭 嘉人

人前で話す人が抱える、“あらゆる悩み”をすべて解決

スピーチは技術！　学べば誰でも必ず変われます！

・人前で緊張しない秘訣
・結婚式のスピーチで面白い話をするコツ
・目上の方に話すときに、心を掴むコツ
・会場の雰囲気を作るコツ
・講演やプレゼンテーションの事前準備で大事にすること

YouTubeの動画と連動しているので、わかりやすく、簡単に学べる
スピーチ本の決定版！

秒でやれ
～ 大丈夫、あなたは幸せになれるから

2021年7月8日　初版発行

著者　鴨頭 明子

イラスト　きょこ

発行者　鴨頭 嘉人

発行所　かも出版
〒170-0013　東京都豊島区東池袋3-2-4 共永ビル7階
電話：03-6912-8383　FAX：03-6745-9418
e-mail：info@kamogashira.com
ウェブサイト：https://kamogashira.com/

発売　サンクチュアリ出版
〒113-0023　東京都文京区向丘2-14-9
電話：03-5834-2507　FAX：03-5834-2508

デザイン　小山 悠太

印刷・製本　株式会社 シナノパブリッシングプレス

ISBN978-4-8014-9912-6